No capricho

Caligrafia integrada com ortografia e gramática

C

Isabella Pessoa de Melo Carpaneda
Licenciatura plena em Pedagogia pela Universidade de Brasília e CEUB,
com especialização em Administração e Supervisão Escolar e Orientação Educacional.
Especialização em Língua Portuguesa pelo Instituto AVM – Faculdade Integrada.
Coordena, prepara material pedagógico e ministra cursos de treinamento para
professores de Educação Infantil e Ensino Fundamental em vários estados desde 1990.
Atua como assessora pedagógica de Educação Infantil e Ensino Fundamental
em Brasília-DF desde 1984.

Angiolina Domanico Bragança
Licenciatura plena em Pedagogia pela Associação de Ensino Unificado
do Distrito Federal, com especialização em Administração Escolar.
Coordena, prepara material pedagógico e ministra cursos de treinamento para professores
de Educação Infantil e Ensino Fundamental em vários estados desde 1990.
Atua como assessora pedagógica de Educação Infantil e Ensino Fundamental
em Brasília-DF desde 1970.

2ª edição - São Paulo

quinteto

Quinteto

Copyright © Isabella Carpaneda e Angiolina Bragança, 2016

Diretor editorial	Lauri Cericato
Gerentes editoriais	Rosa Maria Mangueira e Silvana Rossi Júlio
Editora	Luciana Pereira Azevedo Remião
Editora assistente	Liege Maria de Souza Marucci
Gerente de produção editorial	Mariana Milani
Gerente de arte	Ricardo Borges
Coordenadora de arte	Daniela Máximo
Projeto gráfico	Bruno Attili
Capa	Juliana Sugawara
Editora de arte	Wilde Velasques Kern
Diagramação	Essencial design
Tratamento de imagens	Ana Isabela Pithan Maraschin
Coordenadora de ilustrações	Márcia Berne
Assistentes de arte	Stephanie Santos Martini e Maria Paula Santo Siqueira
Ilustrações	Ilustra Cartoon e Waldomiro Neto
Coordenadora de preparação e revisão	Lilian Semenichin
Supervisora de preparação e revisão	Viviam Moreira
Preparação	Iracema Fantaguci
Revisão	Aurea Santos e Maria de Fátima Cavallaro
Coordenador de iconografia e licenciamento de textos	Expedito Arantes
Supervisora de licenciamento de textos	Elaine Bueno
Iconografia	Gabriela Araújo e Elizete Moura
Diretor de operações e produção gráfica	Reginaldo Soares Damasceno

---

Dados Internacionais de Catalogação na Publicação (CIP)
(Câmara Brasileira do Livro, SP, Brasil)

Carpaneda, Isabella Pessoa de Melo
   No capricho : caligrafia integrada com ortografia e gramática, volume C / Isabella Pessoa de Melo Carpaneda, Angiolina Domanico Bragança. — 2. ed. — São Paulo : Quinteto Editorial, 2016.

   ISBN 978-85-8392-049-6 (aluno)
   ISBN 978-85-8392-050-2 (professor)

   1. Caligrafia (Ensino fundamental) 2. Ortografia (Ensino fundamental) I. Bragança, Angiolina Domanico. II. Título.

16-01658   CDD-372.634

Índices para catálogo sistemático:
  1. Caligrafia: Ensino fundamental   372.634
  2. Ortografia: Ensino fundamental   372.634

---

1 2 3 4 5 6 7 8 9

Envidamos nossos melhores esforços para localizar e indicar adequadamente os créditos dos textos e imagens presentes nesta obra didática.
No entanto, colocamo-nos à disposição para avaliação de eventuais irregularidades ou omissões de crédito e consequente correção nas próximas edições.
As imagens e os textos constantes nesta obra que, eventualmente, reproduzam algum tipo de material de publicidade ou propaganda, ou a ele façam alusão, são aplicados para fins didáticos e não representam recomendação ou incentivo ao consumo.

Reprodução proibida: Art. 184 do Código Penal e Lei 9.610 de 19 de fevereiro de 1998.
Todos os direitos reservados à

QUINTETO EDITORIAL LTDA.
Rua Rui Barbosa, 156 – Bela Vista – São Paulo-SP
CEP 01326-010 – Tel. (11) 3598-6000
Caixa Postal 65149 – CEP da Caixa Postal 01390-970
www.ftd.com.br
E-mail: central.atendimento@ftd.com.br

Impresso no Parque Gráfico da Editora FTD S.A.
Avenida Antonio Bardella, 300
Guarulhos-SP – CEP 07220-020
Tel. (11) 3545-8600 e Fax (11) 2412-5375

A - 904.077/24

Sumário

Alfabeto 4

Bambalalar, é hora de praticar! 12

Ordem alfabética 13

Som nasal 15

Palavras com M antes de P e B 17

Substantivos próprios e comuns 18

Sílaba 20

Bambalalar, é hora de praticar! 21

Palavras com R 22

R no final da sílaba 24

Bambalalar, é hora de praticar! 25

Sílabas – classificação 26

A letra S 28

Sílaba tônica 30

Bambalalar, é hora de praticar! 32

A letra H 33

Palavras com LH e L 35

Bambalalar, é hora de praticar! 37

Número do substantivo –
   singular e plural 39

Palavras com NS 42

S no final da sílaba 43

Sons do X 45

Bambalalar, é hora de praticar! 47

Palavras com GE, GI e JE, JI 49

Adjetivo 51

Bambalalar, é hora de praticar! 53

Palavras com S e Z 54

Pronome 56

Bambalalar, é hora de praticar! 59

Verbo 60

Bambalalar, é hora de praticar! 63

Alfabeto

Aqui está o alfabeto que você vai treinar. Preste bastante atenção na hora de copiar.

1. Copie o alfabeto maiúsculo e o alfabeto minúsculo. As vogais foram escritas em vermelho e as consoantes, em azul.

A a   B b   C c   D d   E e

F f   G g   H h   I i   J j

K k   L l   M m   N n   O o

P p   Q q   R r   S s   T t

U u   V v   W w   X x   Y y   Z z

2. Observe o traçado das vogais. Depois copie.

| a | e | i | o | u |
| A | E | I | O | U |

A a   E e   I i   O o   U u

3. Copie. Depois marque com um **X** as palavras que começam por **vogal**.

☐ abacate   ☐ saia   ☐ elefante

☐ tênis   ☐ ímã   ☐ óculos

☐ unha   ☐ gaita   ☐ ovelha

4. Leia e copie. Depois sublinhe as palavras que têm vogais juntas.

Cada louco com sua mania.

A minha é viver de alegria!

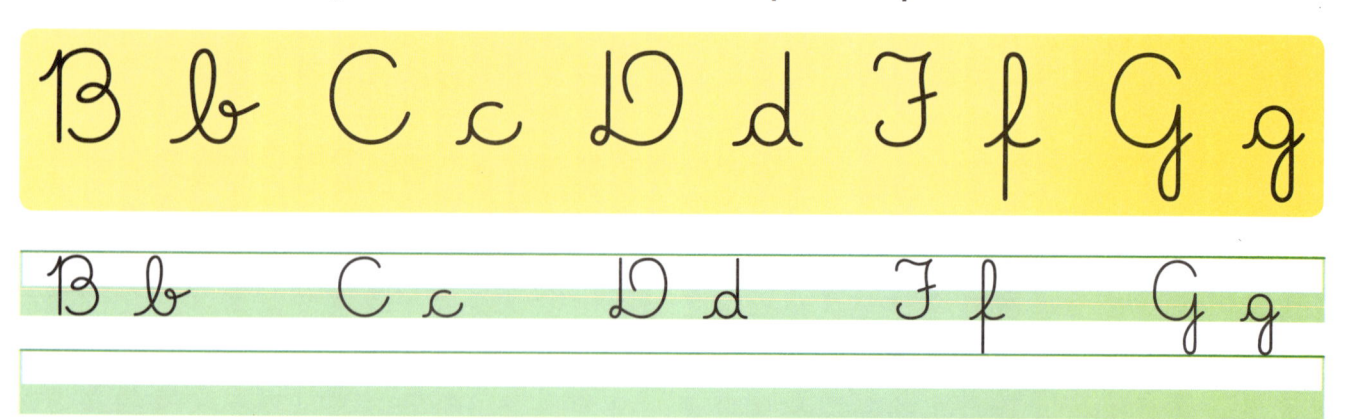

5. Observe o traçado das consoantes. Depois copie.

B b   C c   D d   F f   G g

B b   C c   D d   F f   G g

6. Substitua as ★ por consoantes maiúsculas ou minúsculas.

★adeado

bi★e

★ábio

★ogo

★ianca

★oca

da★o

★iogo

7. Leia e copie.

Bia, Zé, Gabi e Damião são amigos do coração.

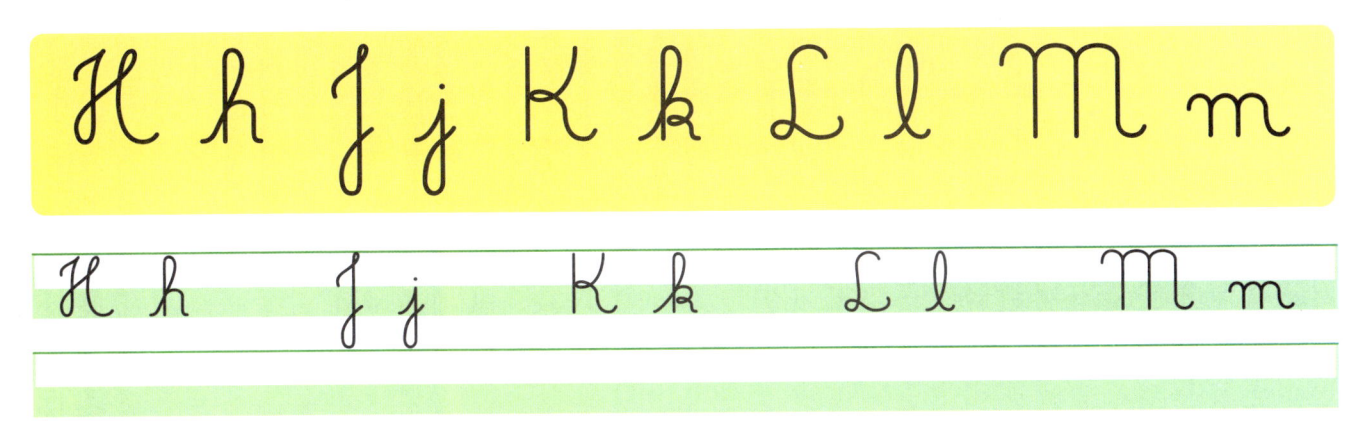

8. Observe o traçado das consoantes. Depois copie.

H h J j K k L l M m

H h   J j   K k   L l   M m

9. Leia as palavras do quadro. Depois separe cada uma por assunto e escreva abaixo.

limão	Hélio	jabuticaba	javali
Manuela	jaca	Joana	leopardo
maçã	hiena	macaco	Keila

Nomes de alimentos

Nomes de animais

Nomes de pessoas

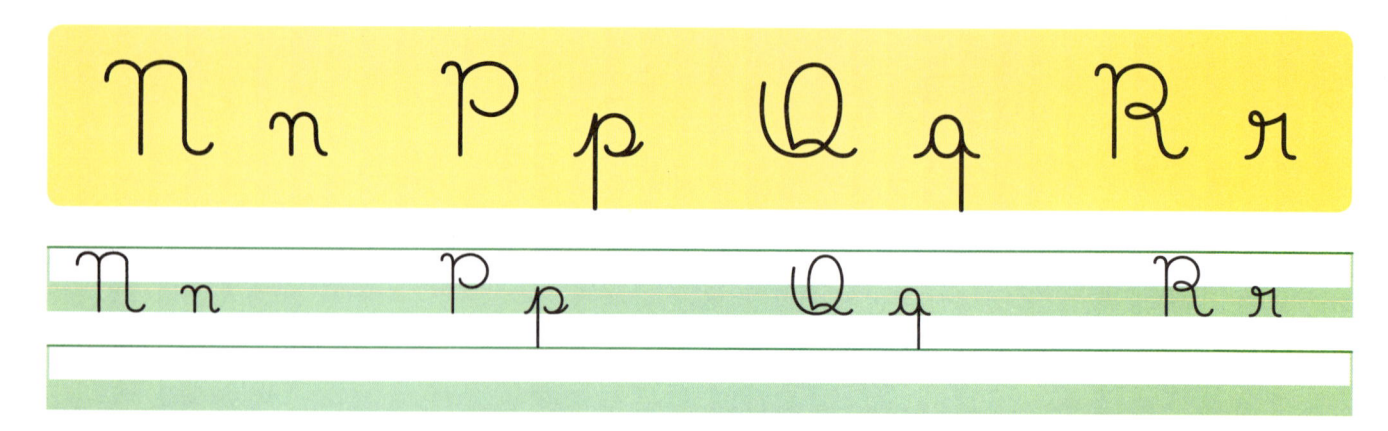

10. Observe o traçado das consoantes. Depois copie.

N n   P p   Q q   R r

11. Copie os nomes dos alimentos e depois pinte os quadrinhos de acordo com a legenda.

🟦 gosto de   🟥 não gosto de   🟨 nunca provei

☐ queijo   ☐ paçoca   ☐ quibe

☐ moqueca   ☐ pizza   ☐ panqueca

☐ pipoca   ☐ quindim   ☐ repolho

☐ brócolis   ☐ nabo   ☐ pera

12. Escolha três nomes e copie.

Nivaldo   Patrícia   Quitéria   Raquel

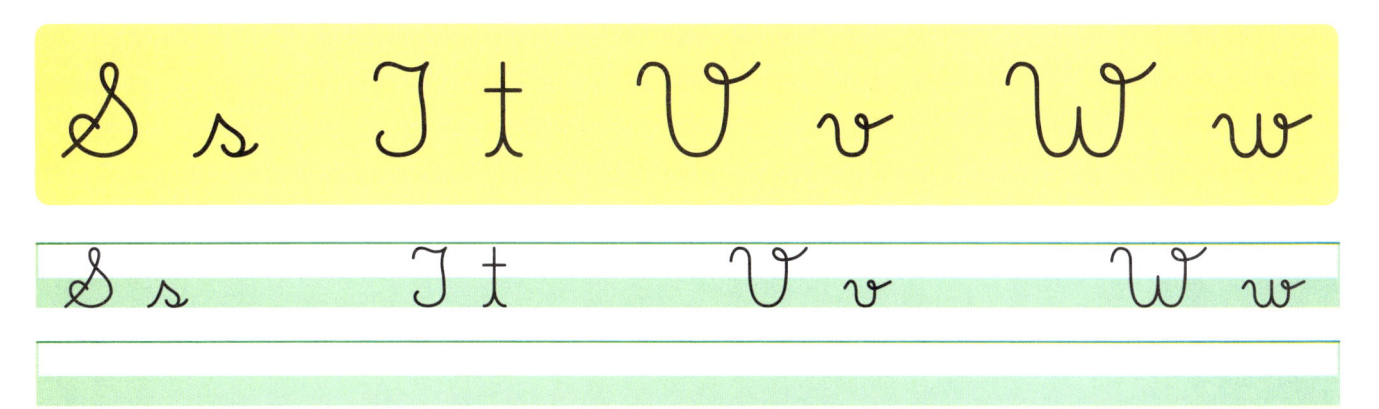

13. Observe o traçado das consoantes. Depois copie.

Ss Tt Vv Ww

Ss Tt Vv Ww

14. Encontre e sublinhe nomes de animais dentro das palavras do quadro abaixo. Depois copie cada nome ao lado da figura correspondente.

tatuagem   galope   prato   globo   poema   estouro
fofoca   concurso   avacalhado   cobrança   peruca   sapoti

9

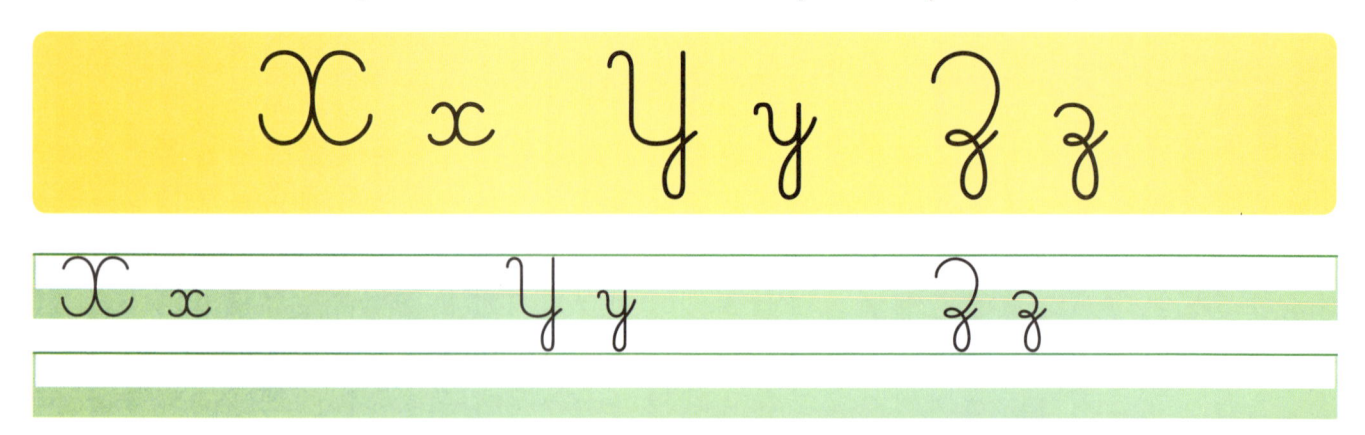

15. Observe o traçado das consoantes. Depois copie.

X x   Y y   Z z

16. Leia e copie. Depois pinte da mesma cor os quadrinhos das palavras que rimam.

☐ pena   ☐ leite   ☐ azeitona

☐ mamona   ☐ dezena   ☐ azeite

17. Consulte o quadro abaixo para escolher nomes para as pessoas.

Zenaide   Wálter   Keila   Yúri

18. Leia as frases e descubra os nomes das crianças. Depois copie.

Beatriz usa fita no cabelo.
Fábio usa relógio e tênis azul.
Daniel usa óculos.
Rafaela usa fita, mas não usa trança.
Leo usa óculos e adora futebol.
Hugo usa relógio e boné.
Patrícia adora usar vestido.
Gabriela não sai sem suas pulseiras.

Bambalalar, é hora de praticar!

- Observe abaixo algumas palavras que normalmente aparecem nas lições. Copie-as e depois marque com **X** as que você precisa praticar mais.

☐ resolva	☐ calcule	☐ pesquise
☐ ligue	☐ abaixo	☐ faça
☐ observe	☐ lição	☐ circule
☐ ciência	☐ preencha	☐ atenção
☐ explique	☐ sublinhe	☐ substitua
☐ problema	☐ sequência	

Ordem alfabética

Primeiro o **A**, depois o **B**.
A letra **C** vem antes do **D**.
Uma letra após a outra
até chegar ao **Z**.

1. Escreva os nomes das crianças em ordem alfabética.

Gabriel   Marcelo   Adriana   Karina

Luciano   Patrícia   Francisco   Silvana

1. _____
2. _____
3. _____
4. _____
5. _____
6. _____
7. _____
8. _____

2. Complete os quadrinhos com as letras que seguem a ordem alfabética.

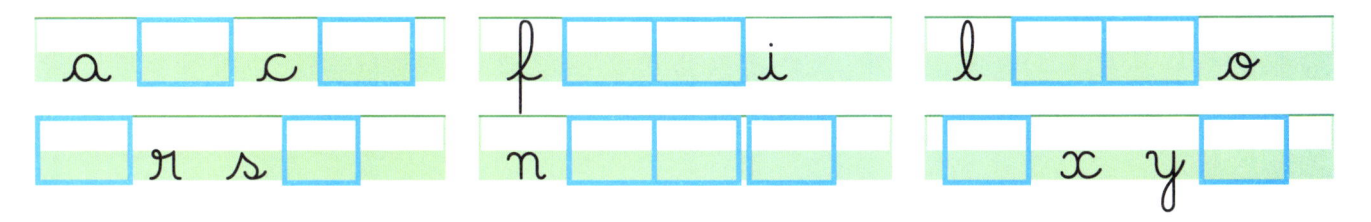

a ☐ c ☐   f ☐ ☐ i   l ☐ ☐ o

☐ r s ☐   n ☐ ☐ ☐   ☐ ☐ x y

3. Copie as palavras. Depois substitua a letra em destaque pela letra seguinte na ordem alfabética e forme novas palavras. Veja o exemplo.

bola	cama	faca
bola		
cola		

cedo	elefante	vale

4. Escreva as palavras a seguir em ordem alfabética.

a. cozinha   cheiro   clarão   cravo

> **Dica!**
> Quando a primeira letra de cada palavra é igual, considerar a segunda letra.

b. desafio   defeito   dever   delicioso

> **Dica!**
> Quando a primeira e a segunda letra das palavras são iguais, considerar a terceira letra.

Som nasal

Tape o nariz e leia: samba, pente, avental. Todas essas palavras, veja bem, têm som nasal.

SAMBA

PENTE

AVENTAL

Fique sabendo

As palavras com som nasal "vibram o nariz" durante a leitura.

1. Copie do quadro abaixo palavras que completam cada grupo.

> pensar   alemão   simples   tempero   emoção
> maçã   longe   sabão   completo   cambalear
> campeão   centro   antena   quando   mãe

Som nasal com M	Som nasal com N	Som nasal com til
tromba	príncipe	balão

2. Coloque til quando for necessário.

campeao	portao	semana	dedao
gaviao	irma	amanha	voa
coroa	grao	íma	cidadao

- Agora copie as palavras com til (~).

3. Copie as palavras do quadro terminadas em M e N nas colunas correspondentes.

| abdômen | selvagem | pólen | porém |
| também | hífen | amendoim | |

M	N

Você conhece outras palavras terminadas com M e N?

Palavras com M antes de P e B

Sempre se usa M antes de P e B. Lembre-se dessa regra na hora de escrever.

1. Copie as palavras abaixo nas colunas correspondentes.

simpático melancia mendigo sombra
embarcação temporal cinto jantar
limpeza banquete pingo combate

M antes de P e B	N antes de consoantes, menos P e B

Substantivos próprios e comuns

Tudo o que existe tem nome: gente, bicho... plantas também. São chamados substantivos os nomes que as coisas têm.

Fique sabendo

Os substantivos comuns indicam qualquer cidade, qualquer animal, qualquer pessoa. São escritos com letra inicial minúscula. Exemplos: cidade, cachorro, menino.

Os substantivos próprios indicam um só lugar, um só animal, uma só pessoa. São escritos com letra inicial maiúscula. Exemplos: Brasília, Rex e Erick.

1. Complete as frases com as palavras do quadro abaixo.

Cebolinha   menino   cidade   time   Daniela

Substantivo próprio		Substantivo comum
São Paulo	➡ é o nome de uma ➡	
	➡ é o nome de uma ➡	revista
Filipe	➡ é o nome de um ➡	
	➡ é o nome de uma ➡	menina

2. Sublinhe no texto abaixo as palavras que deveriam ter sido escritas com letra inicial maiúscula.

> no livro **a vida acidentada de um vampirinho e outras aventuras de draculinha**, os autores carlos queiroz telles e eneas carlos pereira contam as aventuras da família morcegal.
>
> essa divertida família é formada pelo pai draculão, a mãe draculeta, a filha dracunilda, o caçula draculinha e uma caveira chamada aristides.

- Agora reescreva o texto, usando letra inicial maiúscula onde for necessário.

Sílaba

Três grupos de sons estão na palavra **a-ma-do** e cada um desses grupos de sílaba é chamado.

1. Copie as palavras abaixo. Depois separe as sílabas.

cenoura   sim   couve   mel   cozinheiro
jabuticaba   carro   floresta   pássaro

2. Leia rápido, sem tropeçar. Depois copie.

O sapo dentro do saco.

O saco com o sapo dentro.

Bambalalar, é hora de praticar!

- Falta a última palavra de cada linha na carta a seguir. Para completá-la, use as palavras do quadro abaixo. Não esqueça: é preciso separar cada palavra, escrevendo parte em uma linha e parte na linha seguinte.

> assustado   obrigação   fazer
> objetos   ponteiros   mundo   melhorar

Prezado senhor fantasma,

Soubemos que o senhor não tem _____ criancinhas, como é _____ de todos os fantasmas.

Por isso, pedimos que comece a _____ barulhos à noite, que mude _____ de lugar e bagunce os _____ dos relógios para todo _____ chegar atrasado na escola.

Além disso, trate imediatamente de _____ o seu BUU!

Atenciosamente,

Assombroso Sombrio

(As autoras)

Palavras com R

As propagandas sugerem o que devemos comprar. Mas não torre seu dinheiro, compre só o que for usar.

1. Leia as palavras e copie-as nos quadros correspondentes.

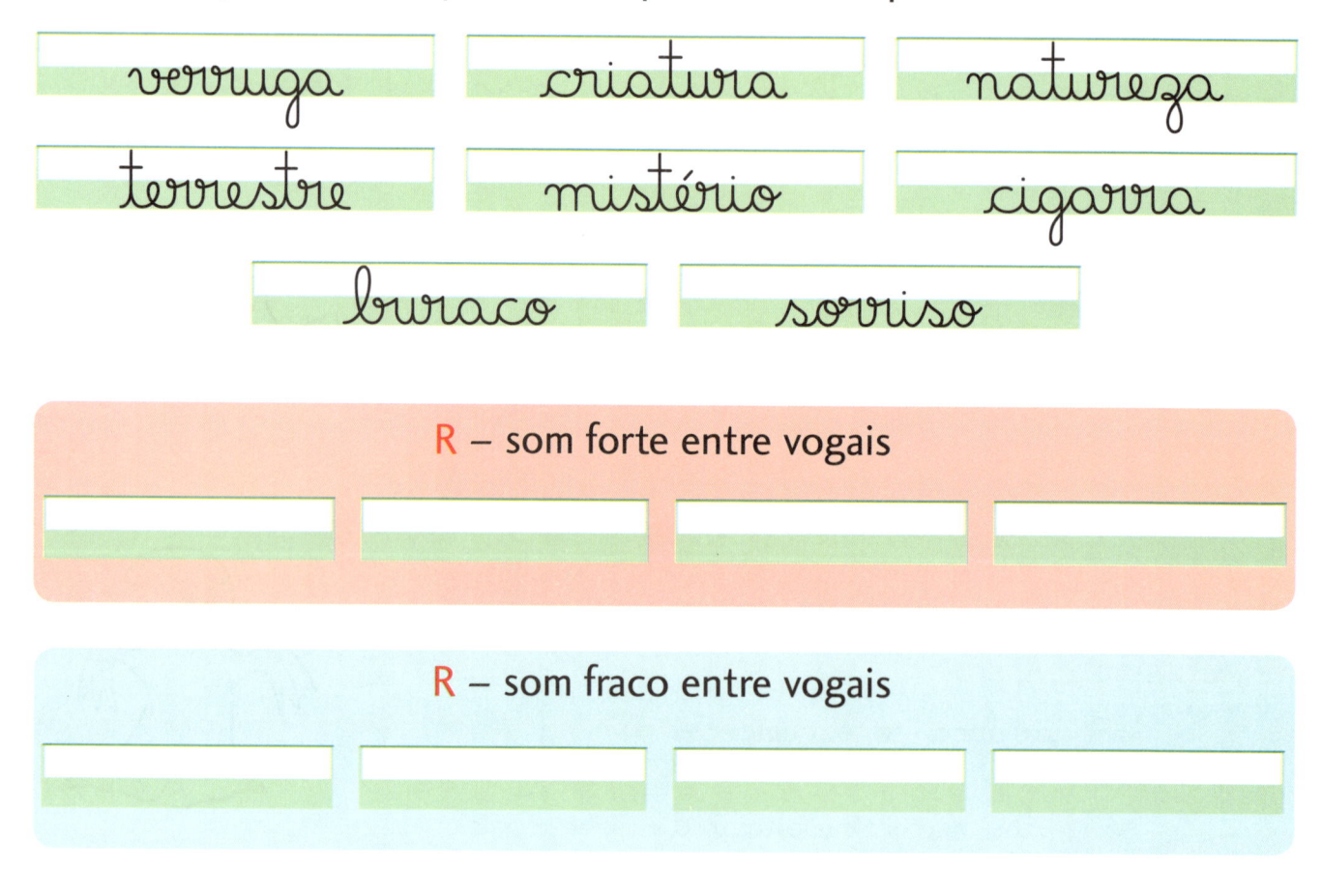

verruga   criatura   natureza

terrestre   mistério   cigarra

buraco   sorriso

R – som forte entre vogais

R – som fraco entre vogais

2. Descubra o segredo e forme novas duplas de palavras.

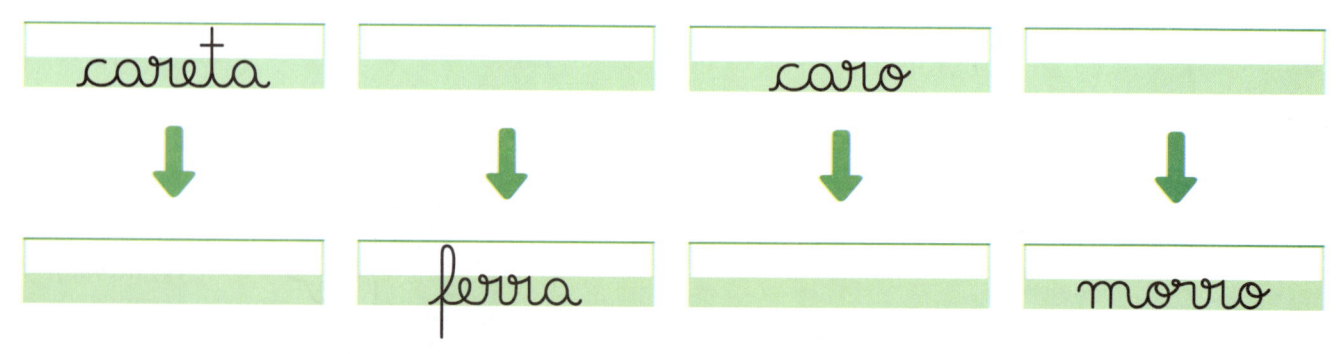

careta   ⬇   ⬇   caro   ⬇   ⬇

⬇   ferra   ⬇   morro

3. Junte as sílabas dos quadrinhos azuis com as sílabas dos quadrinhos amarelos e forme 15 palavras com RR.

> **Dica!**
> As sílabas dos quadrinhos azuis iniciam as palavras.
> As sílabas dos quadrinhos amarelos podem ser usadas mais de uma vez.

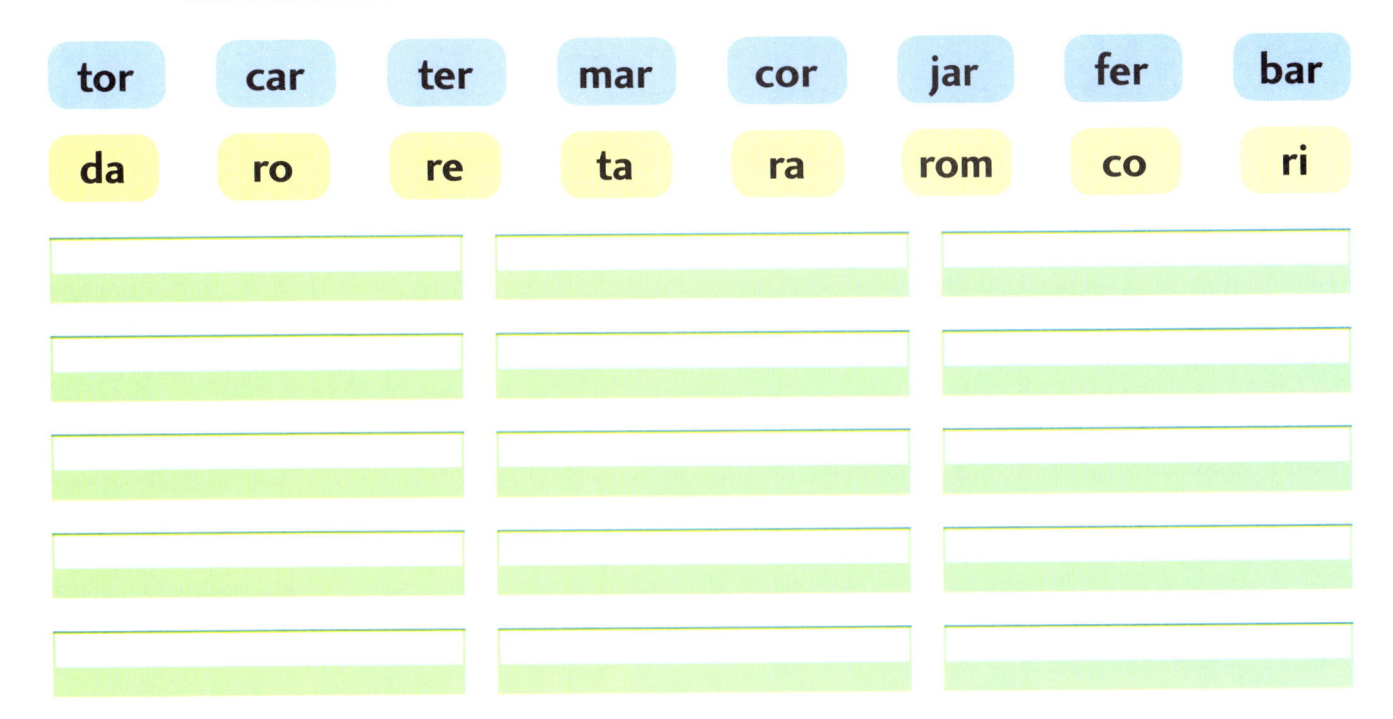

tor	car	ter	mar	cor	jar	fer	bar
da	ro	re	ta	ra	rom	co	ri

4. Complete as frases com as palavras dos retângulos.

botar   brotar

Vou _____ água para a semente _____.

pegar   pregar

Vá _____ o martelo para _____ o quadro.

R no final da sílaba

Às vezes a gente fala: "cantá", "lavá", "comê", mas não pode faltar o R na hora de escrever.

1. Copie. Depois marque com **X** as coisas que você gosta de fazer.

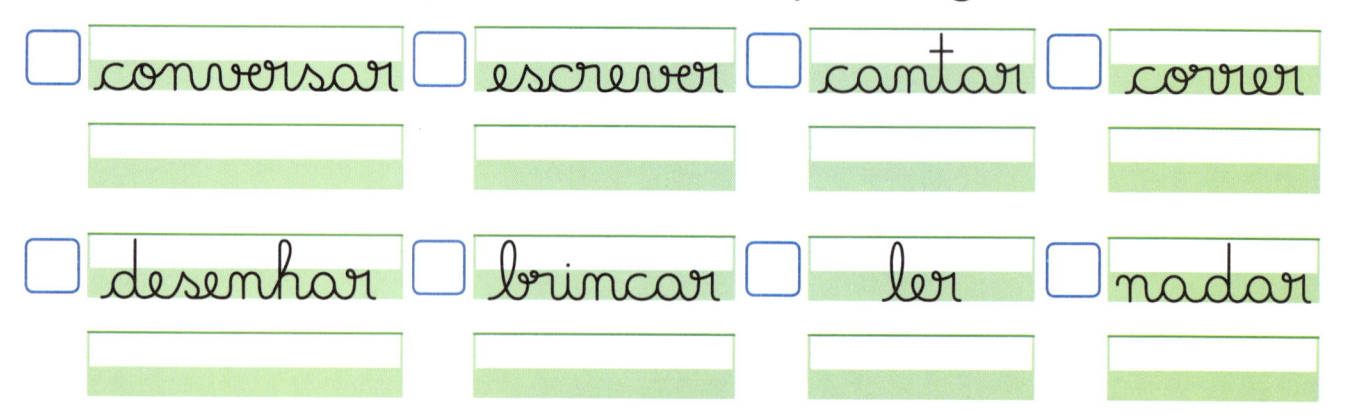

☐ conversar ☐ escrever ☐ cantar ☐ correr

☐ desenhar ☐ brincar ☐ ler ☐ nadar

2. Complete as frases com palavras do quadro.

> elevador   cobertor   colher   professor   escorregador   flor
> calcanhar   mulher   repórter   computador   corredor   regador

- Meu prédio tem escada e _____.

- Que frio! Onde está o _____?

- Coloquei o garfo e a _____ na pia.

- O banheiro fica no final do _____.

- Artur usou o _____ para pesquisar.

Bambalalar, é hora de praticar!

- Leia os verbetes.

> **Coco** sm. Fruto da palmeira, de casca dura e formato arredondado. > **Coqueiro** sm.
> **Cocô** sm. pop. Matéria que o corpo deixou de aproveitar e faz sair do intestino: excremento, fezes.

Geraldo Mattos. **Dicionário Júnior da Língua Portuguesa**. São Paulo: FTD, 2010. p. 123.

- Agora leia e copie.

Ao fazer doce de coco
É preciso atenção
Pois o coco há muito tempo
Já não tem acento não
E o pior é quando o acento
Sai da sua posição

José Eduardo Camargo e L. Soares. **No país das placas malucas**. São Paulo: Panda Books, 2011. p. 8 e 9.

Sílabas – classificação

> Reis, gigantes, dragões, princesas, bruxas e fadas são alguns personagens das histórias encantadas.

1. Copie as palavras abaixo de acordo com as etiquetas.

   reis   dragões   princesas   fadas
   gigantes   são   personagens   encantados

   1 sílaba

   2 sílabas

   3 sílabas

   4 sílabas

Fique sabendo

As palavras podem ser classificadas quanto ao número de sílabas. Assim:

- trem → 1 sílaba — monossílaba
- lu – a → 2 sílabas — dissílaba
- cas – te – lo → 3 sílabas — trissílaba
- fei – ti – cei – ra → 4 sílabas — polissílaba

2. Leia. Depois copie.

Chaleira no fogão,
pão, leite e café.
O cheirinho que chega
e põe a gente de pé.

(As autoras)

- Agora sublinhe as palavras do texto de acordo com a legenda.

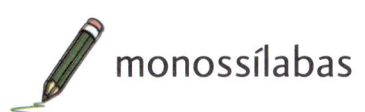

    ✏️ monossílabas

    ✏️ dissílabas

    ✏️ trissílabas

    ✏️ polissílabas

A letra S

O que é, o que é?
O sapo tem um,
O passarinho tem mais.
O besouro tem no meio
E a girafa, jamais.

Resposta: A letra S.

1. Leia as palavras. Depois, copie-as de acordo com o som do S.

| passarinho | assunto | besouro | confusão |
| presente | sossego | péssimo | blusa |

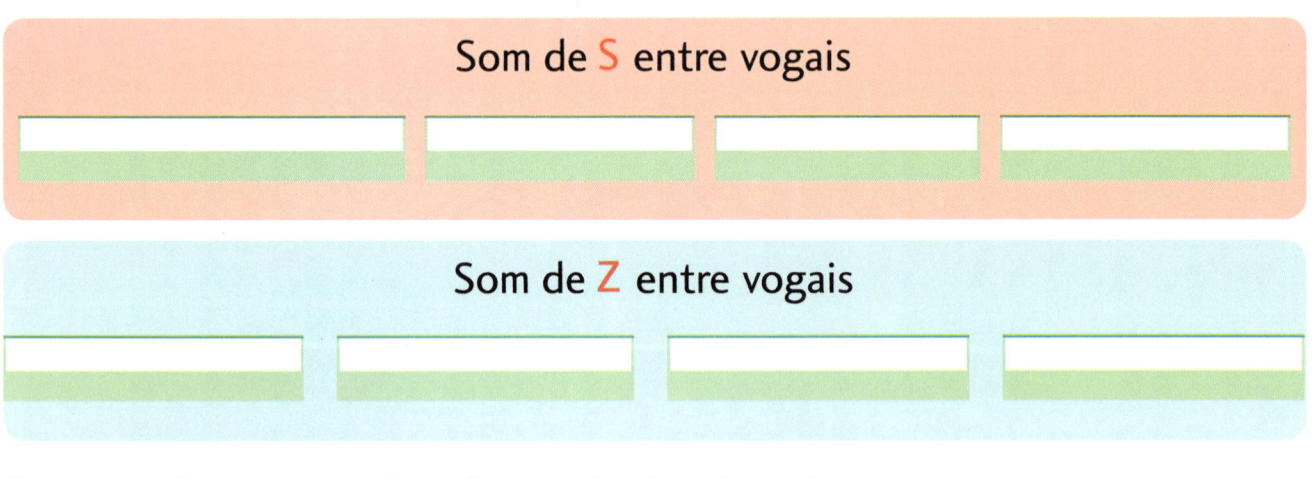

Som de S entre vogais

Som de Z entre vogais

2. Descubra o segredo e forme duplas de palavras.

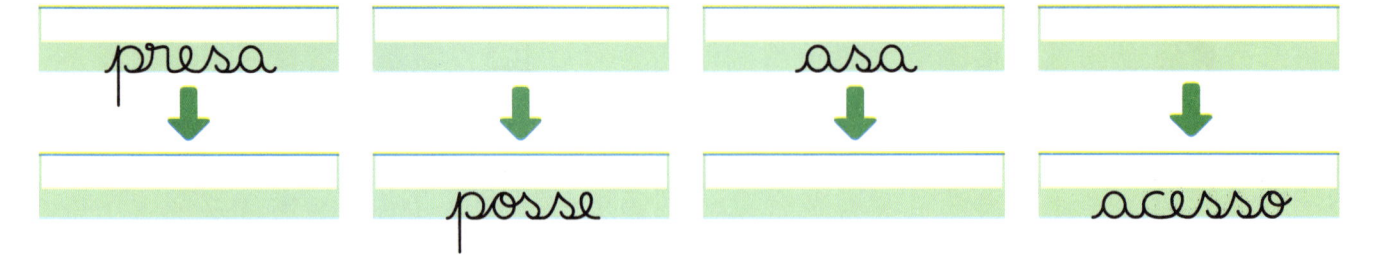

presa →

→ posse

asa →

→ acesso

3. Copie as palavras. Depois marque com X as que têm o mesmo número de sílabas.

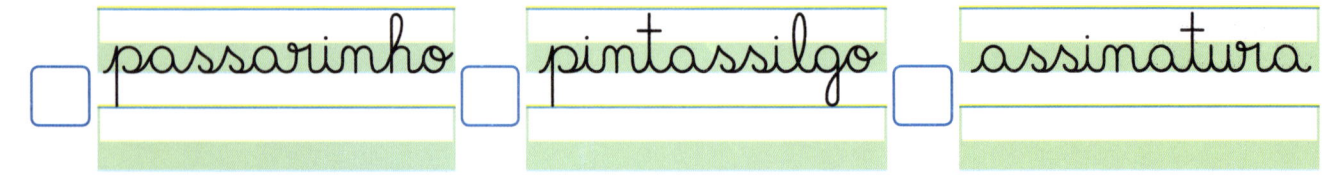

☐ passarinho   ☐ pintassilgo   ☐ assinatura

28

4. Junte as cores iguais e forme os ditados populares.

Mais vale um pássaro na mão

Apressado

Casa de ferreiro,

do que dois voando.

come cru.

espeto de pau.

É na necessidade

Não há bem que sempre dure,

que se conhece um amigo.

nem mal que nunca se acabe.

- Agora copie o que você formou.

Sílaba tônica

> Olha a fruta e a verdura!
> Preço baixo é só aqui!
> Abóbora, chuchu, tomate,
> laranja, banana, abacaxi.

1. Copie os nomes das frutas e das verduras. Depois circule a sílaba tônica, ou seja, a sílaba pronunciada com mais força.

abóbora   chuchu   tomate

laranja   banana   abacaxi

morango   caju   berinjela

Fique sabendo

A sílaba tônica pode ser:
- a última sílaba ca **qui**
- a penúltima sílaba ba **ta** ta
- a antepenúltima sílaba **bró** co lis

2. Copie as palavras na coluna correspondente.

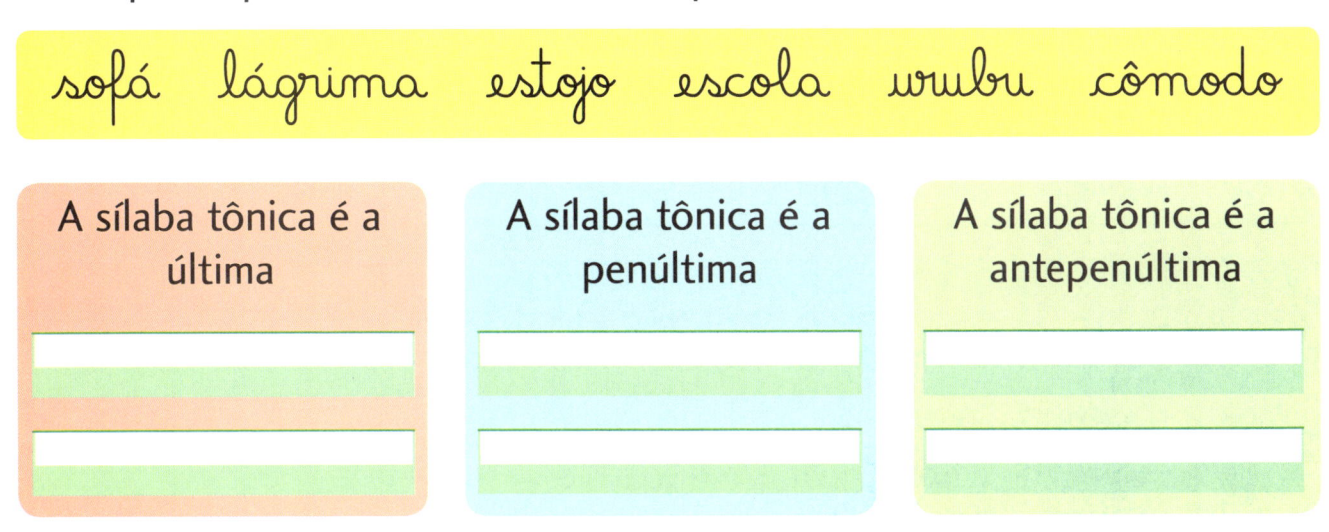

sofá   lágrima   estojo   escola   urubu   cômodo

A sílaba tônica é a última	A sílaba tônica é a penúltima	A sílaba tônica é a antepenúltima

3. Observe a posição da sílaba tônica. Descubra a palavra intrusa de cada grupo e copie-a.

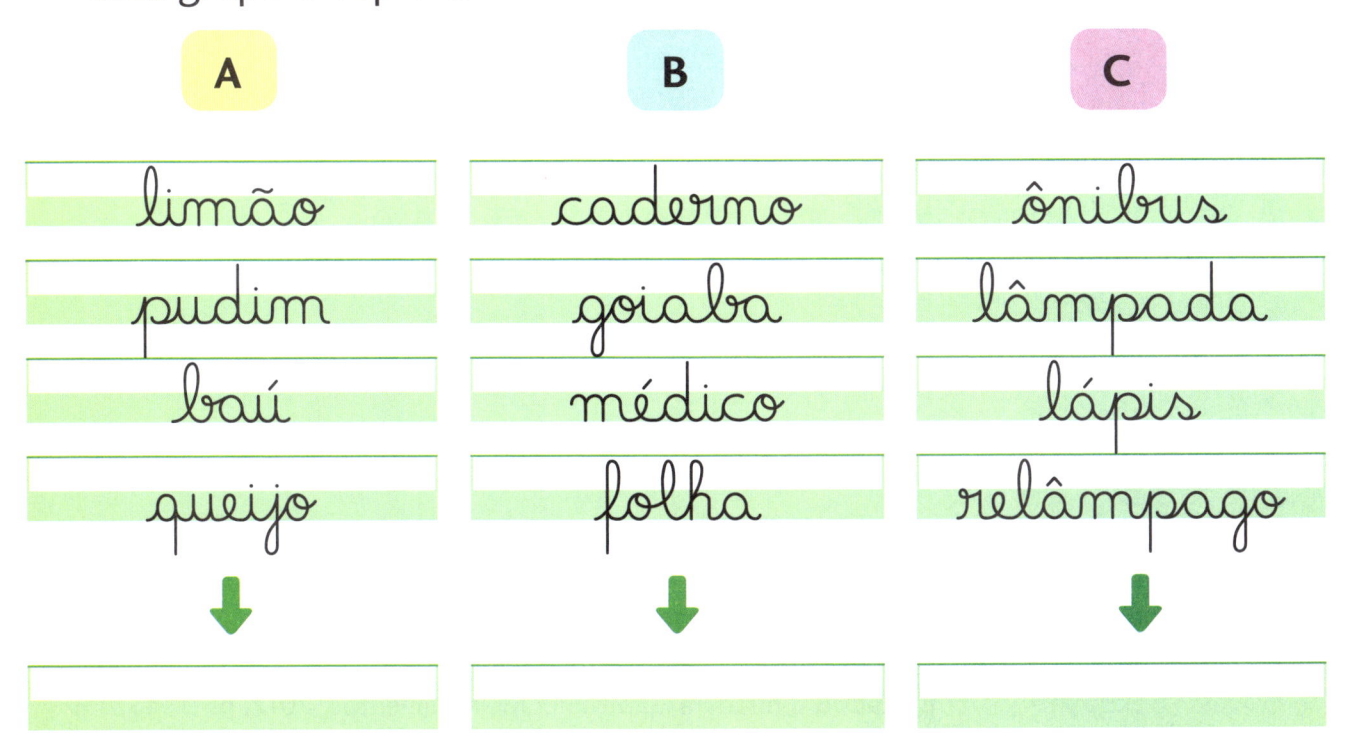

A
- limão
- pudim
- baú
- queijo

⬇

B
- caderno
- goiaba
- médico
- folha

⬇

C
- ônibus
- lâmpada
- lápis
- relâmpago

⬇

Bambalalar, é hora de praticar!

- Leia e copie.

[...] Era uma vez o porco Tonico,
que escovava os dentes
e usava o penico.

[...] Era uma vez o sapo Jaquito,
que usava óculos
pra poder enxergar mosquito.

[...] Era uma vez a minhoca Maria João,
que se apaixonou
por um fio de macarrão.

Nani. **Era uma vez a vaca Vitória, que caiu no buraco e acabou a história.** São Paulo: Melhoramentos, 2012. p. 11, 13, 15.

A letra H

Com **H** se escreve:
hoje, hora e hino.
Mas **ontem** não tem **H**.
Com **H** se escreve:
homem, honra e harpa.
Mas **ontem** não tem **H**.

1. Descubra e sublinhe a palavra intrusa em cada grupo. Depois copie as palavras da mesma família.

A hábil habilidade harpa habilidoso

B habitar hábito habitação hábitat

C herói heroico heroísmo hélice

D honesto honra honrado honrar

E horrendo horrível horta horripilante

2. Use as palavras do quadro para formar pares de palavras da mesma família. Observe o exemplo.

> hora   horta   herói   higiene   horário   hoteleiro   hotel
> hortaliça   higiênico   humanidade   hospital   honra
> hospitalar   humano   heroína   humor   honrado   humorista

hora
⬇
horário

3. Complete as frases com os nomes das pessoas e reescreva-as.

a. ▭ é o gerente do hotel.

b. ▭ trabalha no hospital.

Palavras com LH e L

> Ao falar Cecília, Emílio parece ter L e H.
> Mas na hora de escrever, atenção: H não há.

1. Copie as palavras do quadro nas colunas correspondentes indicadas pelas etiquetas.

> Cecília   lentilha   mobília   óleo   família   fagulha
> sandália   brilhante   agulha   Brasília   milionário
> pilha   auxílio   pastilha   matilha   abelha

L	LH
Cecília	lentilha
mobília	fagulha
óleo	brilhante
família	agulha
sandália	fagulha
Brasília	pilha
milionário	pastilha
auxílio	matilha
	abelha

2. Continue. Veja o exemplo.

filha filhinha	gola
palha	bala
malha	colo
galho	tela
milho	fila

3. Copie as palavras nas colunas correspondentes.

sandália gralha Brasília groselha Itália
sobrancelha família lentilha palha cílios

LHA	LIA

Bambalalar, é hora de praticar!

- Leia e copie.

Recreio na escola

Toca o sinal, que alegria!

Saem as crianças a brincar.

Tudo é festa e folia,

correr, bater papo e lanchar.

Corda, peteca, amarelinha,

bola, pião, bambolê.

E até bafo de figurinha,

Tudo no maior fuzuê!

- Agora circule na cena as figuras cujos nomes aparecem em vermelho.

- Copie as palavras abaixo.

abelha   medalha   espelho   milho

Número do substantivo – singular e plural

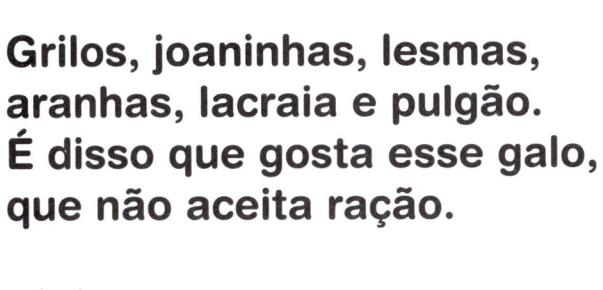

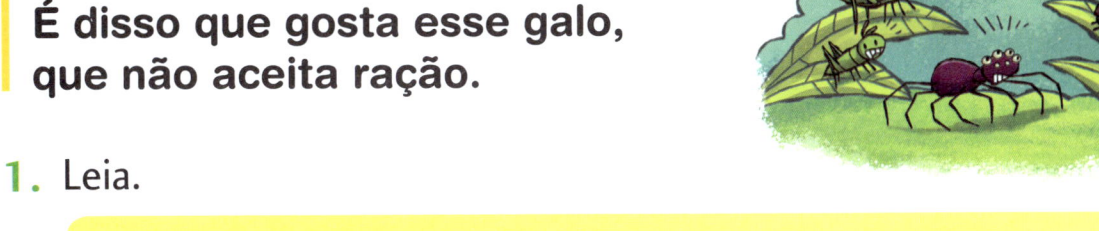

> Grilos, joaninhas, lesmas,
> aranhas, lacraia e pulgão.
> É disso que gosta esse galo,
> que não aceita ração.

1. Leia.

   galo   grilos   lacraia   lesmas   joaninha   pulgões   aranha   ração

- Agora copie essas palavras de acordo com as etiquetas.

   singular

   plural

2. Copie das frases a seguir os substantivos no plural.

   a. *Os peixes têm o corpo coberto de escamas.*

   b. *Cobras e escorpiões possuem veneno.*

39

3. Complete a atividade desenhando e escrevendo os nomes.

avião

bombom

aviões

caracóis

pincel

flores

dedais

bolsa

cruzes

4. Leia.

> tênis   colheres   ônibus   jardins
> raízes   pires   pimentões   óculos

- Agora copie as palavras do quadro acima nas colunas indicadas.

Terminam com S e não indicam plural	Terminam com S e indicam plural

5. Complete as frases com as palavras abaixo.

> os ônibus   o ônibus

Já chegaram _____ da excursão.

Chegou _____ da escola.

> Meu lápis   Meus lápis

_____ está com a ponta quebrada.

_____ de cor estão na gaveta.

41

Palavras com NS

Está em perigo constante,
basta vê-la, é batata!
Num instante tem chinelo
correndo atrás da barata.

1. Escreva as palavras no plural. Observe o exemplo.

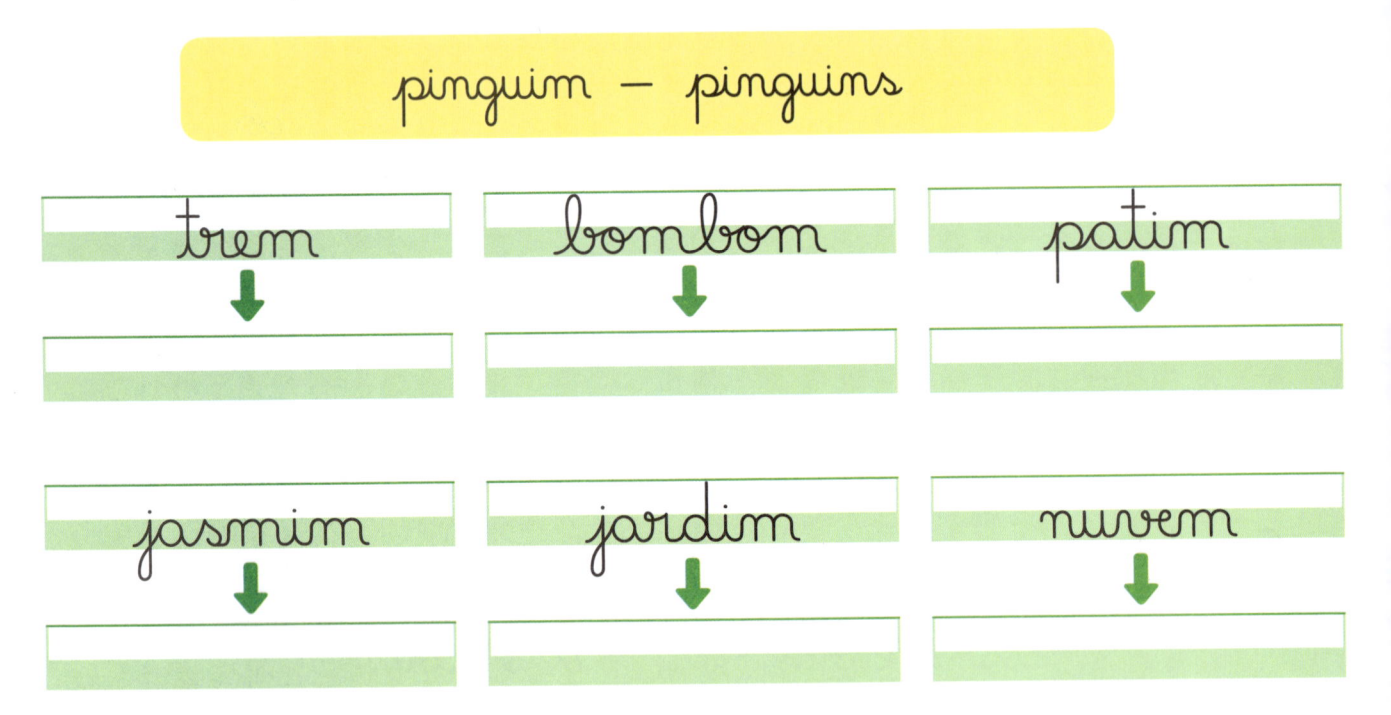

pinguim — pinguins

trem →

bombom →

patim →

jasmim →

jardim →

nuvem →

2. Copie as palavras abaixo em ordem alfabética.

construção   transporte   constelação   instrumento
instante   monstro   parabéns   transparente

1.
2.
3.
4.
5.
6.
7.
8.

S no final da sílaba

Preste bastante atenção para não "comer" o S. Geralmente é no plural que o danadinho aparece.

1. Copie o texto substituindo as ★ pelas palavras abaixo.

| comemos | soltamos | trocamos |
| apostamos | jogamos | tomamos |

★ bola, ★ pipoca,

★ sorvete, ★ corrida,

★ pipa e ★ figurinhas.

A tarde foi superdivertida!

2. Descubra o segredo e complete.

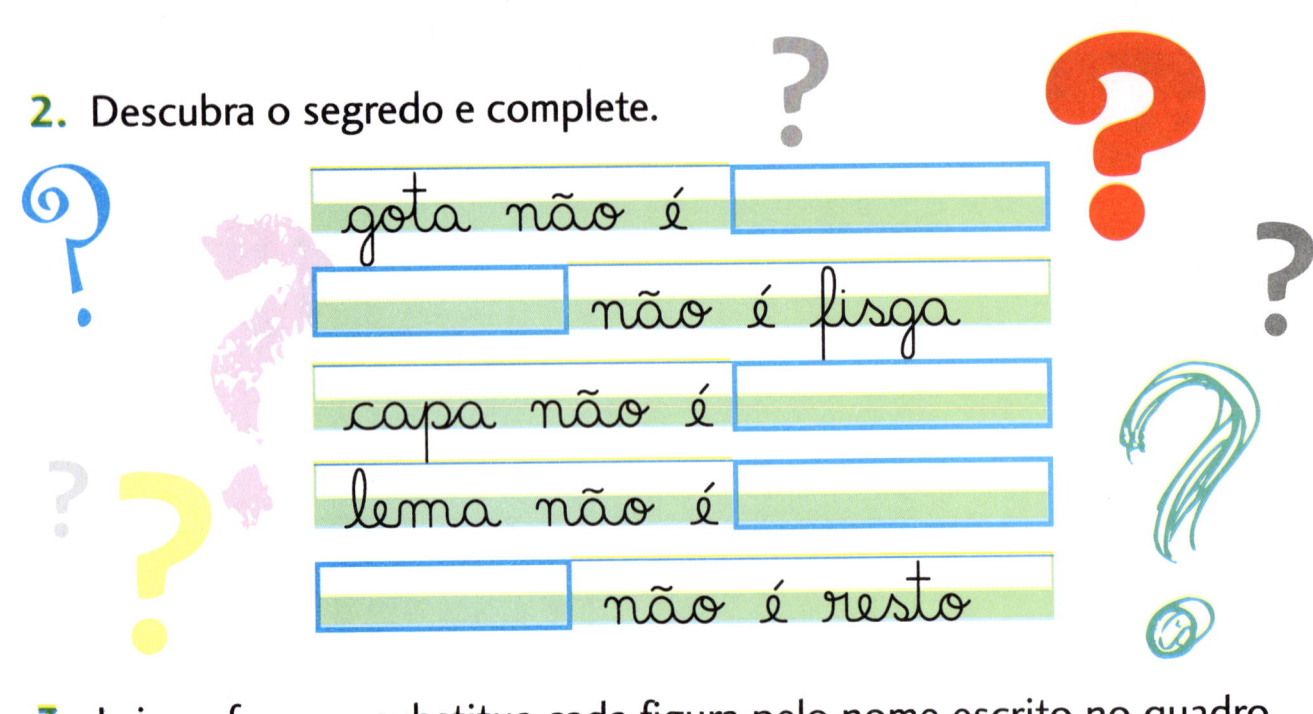

gota não é _____
_____ não é fisga
capa não é _____
lema não é _____
_____ não é resto

3. Leia as frases e substitua cada figura pelo nome escrito no quadro. Depois escreva as frases no plural.

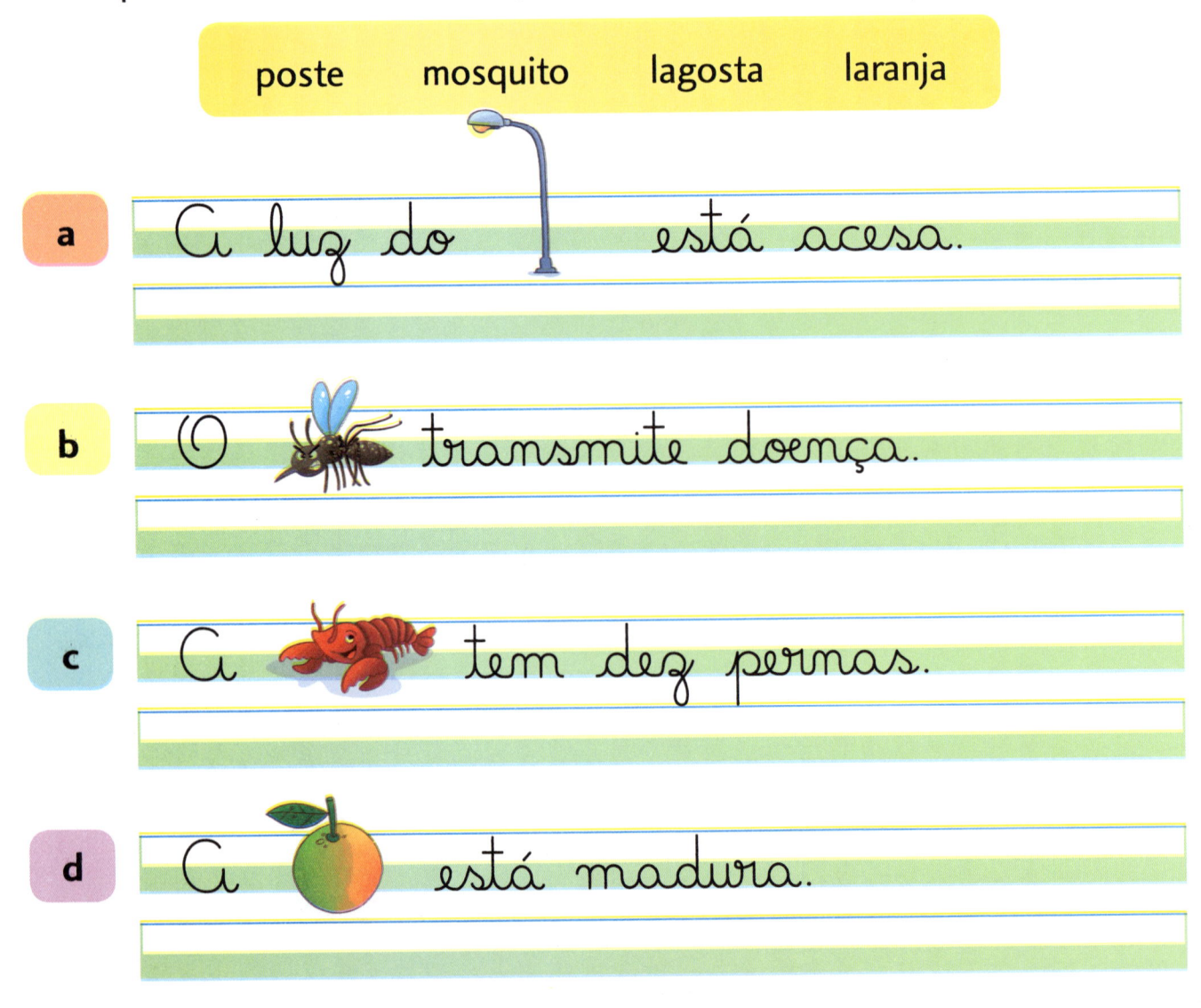

> poste   mosquito   lagosta   laranja

a A luz do _____ está acesa.

b O _____ transmite doença.

c A _____ tem dez pernas.

d A _____ está madura.

Sons do X

O **X** é uma letra muito xereta e exibida.
Vira e mexe, muda o som:
pirex, explosão, enxerida.

1. Copie as palavras abaixo de acordo com o som do **X**.

xereta	exibida	mexe	pirex
explosão	enxerida	texto	exato
táxi	máximo	reflexo	exame

Som de CH
Som de Z
Som de S
Som de CS

2. Forme palavras.

🔪 − ca + xi + 🚢 − vio =

🐕 − chorro + xum + 🍬 − la =

en + GRAXA + te =

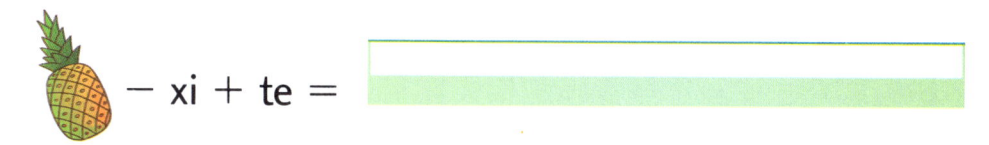

🍍 − xi + te =

3. Desenhe os símbolos nos quadrinhos, formando famílias de palavras. Depois copie.

- ➕ família **táxi**
- ⚪ família **exame**
- 🔺 família **explosão**
- ⊙ família **graxa**
- ◐ família **caixa**
- ✖ família **extinção**

☐ encaixotar	☐ engraxar	☐ caixote
☐ taxista	☐ extinguir	☐ encaixotado
☐ engraxate	☐ taxímetro	☐ extinto
☐ caixinha	☐ graxinha	☐ explosivo
☐ examinar	☐ explodir	☐ examinado

Bambalalar,
é hora de praticar!

- Leia o texto.

Esse bando de periquitos
deixa o entardecer
ainda mais bonito.
Pintando um cenário rico
espalhando verde
e alegria no grito.

- Circule a figura do periquito que leva uma minhoca no bico.

Quero saber: Que periquito leva uma minhoca no bico?

- Agora copie.

liquidificador

esquina

quiabo

queimada

Palavras com GE, GI e JE, JI

> A formiga na tigela
> passeia e gira o dia inteiro.
> Vai dormir no açucareiro
> e sonhar com brigadeiro.

1. Copie as palavras abaixo. Depois pinte os quadrinhos conforme a legenda.

🟥 Já tive dúvida na hora de escrever.

🟨 Nunca tive dúvida na hora de escrever.

- berinjela
- majestade
- tigela
- canjica
- vegetal
- injeção
- garagem
- gelatina

2. Escreva as palavras substituindo as ★ por G ou J.

> **Dica!**
> As palavras da mesma família conservam o G ou o J.

gênio   gelo   jeito

★enial   ★elado   a★eitado

gentil   sujo   tigela

★entileza   su★eira   ti★elinha

3. Leia e copie.

folhagem   miragem   paisagem

- Agora leia e copie somente as palavras que poderiam pertencer ao grupo acima.

colagem   filmagem   girafa   coragem
religião   mensagem   ferrugem   carruagem

Adjetivo

> A lagartixa foi da parede para o pote de biscoito. Ágil, esperta, ligeira, destampou e comeu oito.

Fique sabendo

Os adjetivos dão características aos substantivos.

leite ⟶ **gostoso**, **cheiroso**, **quentinho**, **espumoso**

1. Copie do quadro adjetivos para dar características ao seu monstro. Depois desenhe-o.

   assustador   bonzinho   amarelo   verde   risonho   feio
   gordo   magro   manchado   peludo   espinhento   tristonho

- Escreva.

Monstro

2. Você conhece o personagem Ozzy, criado pelo cartunista Angeli?

- Leia um pouco sobre esse personagem.

Ozzy é um moleque cheio de manias: ele é cabeça-dura, tinhoso, marrudo, rabugento, metido, melequento, maltrapilho, pestinha, bagunceiro e pirracento. Adora *rock* e odeia sopa de legumes.

Angeli. **Ozzy2**: Tirex e mais uma cambada de bichos de estimação. Disponível em: <http://www.companhiadasletras.com.br/detalhe.php?codigo=12240>. Acesso em: 30 nov. 2015.

- Agora copie os adjetivos usados para descrever Ozzy. Não se **esqueça** de usar a vírgula para separá-los.

Ozzy é

- Leia e sublinhe o adjetivo que aparece na frase. Depois copie.

O bicho de estimação do Ozzy é um enorme Tiranossauro Rex, com quem ele anda pra lá e pra cá.

Bambalalar, é hora de praticar!

- Leia.

Erro de cálculo

O sapo virou príncipe,
mas a metamorfose deu errada.
Sua Alteza ficou baixinho
de olhão esbugalhado
e uma real papada.
Tão esquisito,
que deixou a princesa
desencantada.

Márcio Januário Pereira. **Era um avesso**: curiosas historietas e rimas que deram na veneta. Belo Horizonte: Compor, 2013. p. 6.

- Agora pinte a princesa desencantada.

Palavras com S e Z

Na gaveta tem:
uma latinha vazia,
a tesoura da titia
e uma foto da Luzia.
Uma meia furada, uma
camiseta rasgada
e o dinheiro da mesada. Oba!

1. Copie as palavras que têm S entre vogais.

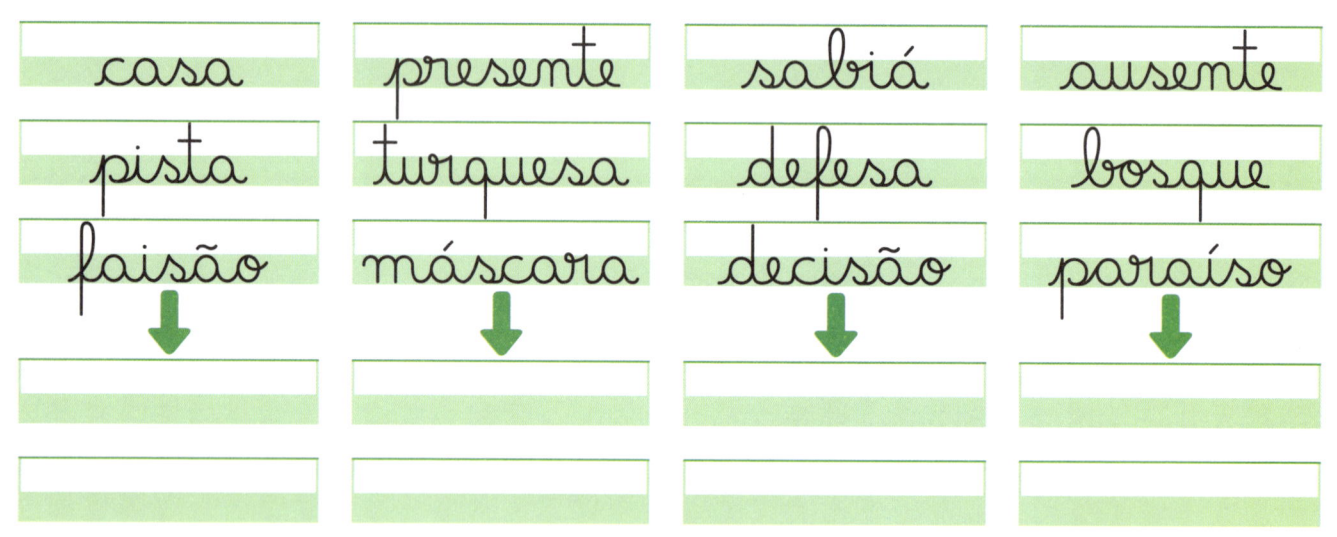

casa	presente	sabiá	ausente
pista	turquesa	defesa	bosque
faisão	máscara	decisão	paraíso

2. Copie do quadro o par de cada palavra das colunas abaixo. Siga o exemplo.

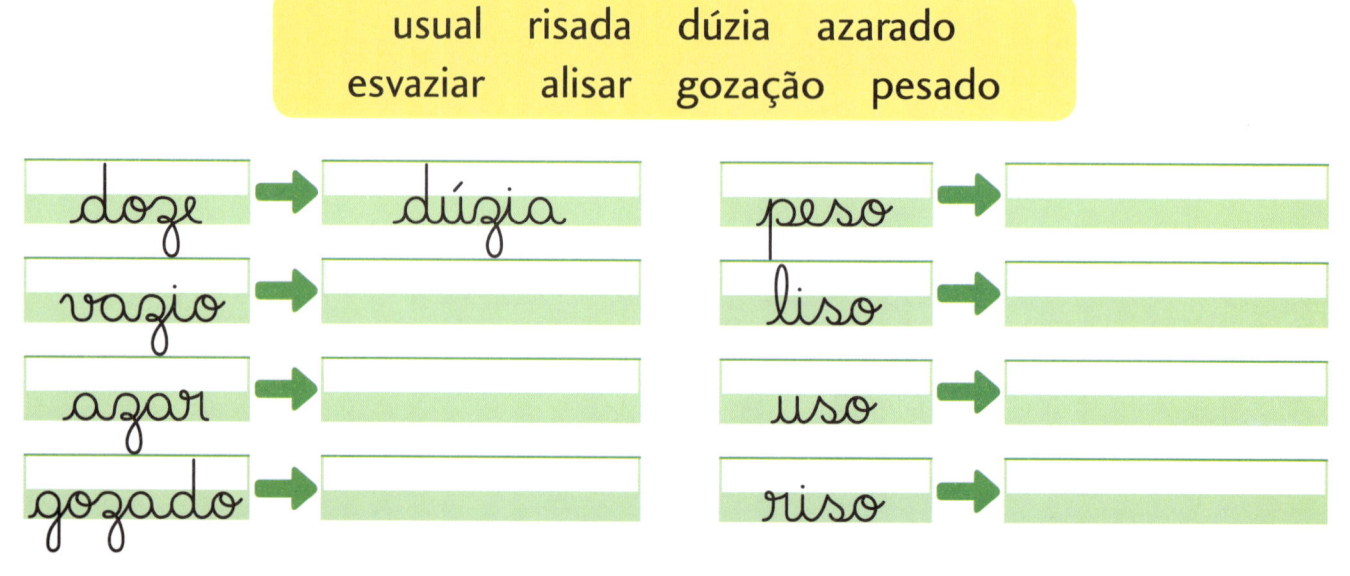

usual   risada   dúzia   azarado
esvaziar   alisar   gozação   pesado

doze → dúzia	peso →
vazio →	liso →
azar →	uso →
gozado →	riso →

3. Copie as frases colocando as palavras em destaque no diminutivo.

Que frio! Vista o *casaco* no bebê.

Aceita um *café*?

Tito está assobiando uma *música*.

4. Copie as palavras substituindo as ★ por S ou Z.

Dica!

As palavras da mesma família conservam o S ou o Z, na escrita.

vazio   lápis   azar   mesa   vazar
casal   rosa   juízo   vasilha

esva★iar   lapi★eira   a★arado

me★inha   va★amento   ca★amento

ro★eira   aju★ado   va★ilhame

Pronome

A aranha devagar
vai tecendo a sua teia.
Ela espera o mosquito,
que vai ser a sua ceia.

Fique sabendo

A palavra que substitui um nome chama-se pronome.
Alguns pronomes são: eu, tu, ele, ela e você
nós, vós, eles, elas e vocês.

1. Complete as frases com os pronomes abaixo. Depois copie-as.

Eu   Nós

[ ] cheguei cedo à escola.

[ ] fizemos toda a lição.

[ ] encontrei vários colegas.

[ ] chegamos tão tarde à festa!

2. Copie as frases, substituindo os nomes em destaque pelos pronomes abaixo.

> Ela   Ele   Elas   Eles

Camila saiu toda arrumada. *Camila* estava tão bonita!

Joaquim e Inácio são irmãos. *Joaquim e Inácio* são muito amigos.

Dunga é um dos filhotes da Baronesa. *Dunga* é o menorzinho.

Marina e Luísa são vizinhas. *Marina e Luísa* vão juntas para a escola.

3. Leia os textos abaixo e circule os pronomes e as expressões usadas para evitar a repetição do nome do animal. Depois copie.

Quanto de cocô um coelho faz? Cerca de 500 bolinhas diariamente! Ele faz tanto cocô porque come muito: cerca de 20 a 40 vezes por dia. A cada minuto, o orelhudo come 1 grama.

Quanto incha um baiacu? Ele aumenta até três vezes! O bicho faz isso para assustar os predadores. Aí engole água e infla o corpo.

Fernanda Santos (Org.). **Livro curiosidades**: bichos. São Paulo: Abril, 2013. p. 30 e 31.

Bambalalar, é hora de praticar!

- Leia e copie.

Quem é, quem é?
Vive com o rosto pintado
Usa peruca engraçada
Sapato de ponta comprida
Adora fazer palhaçada.

Usa argola dourada
Chapéu e tapa-olho
Navega pelos sete mares
Descobre mapas e tesouros.

Ana Claudia Ramos. **Quem é, quem é?** Festa à fantasia. São Paulo: DCL, 2014. p. 12 e 26.

Verbo

Late, deita, finge de morto,
corre, pula, dá a patinha,
brinca, senta, abana o rabo
e não para de fazer festinha.

Fique sabendo

Verbos são palavras que variam para dar ideia de tempo.

Os verbos podem estar nos tempos presente, pretérito (passado) ou futuro.

1. Copie os verbos das frases. Veja o exemplo.

a) Trovejava e relampejava. Gritamos de medo.

trovejava _____ _____

b) Descasquei, fatiei e comi todo o abacaxi.

_____ _____ _____

c) A planta nasce, cresce, se reproduz e morre.

_____ _____ _____ _____

d) Olhei, gostei, entrei e comprei a bola.

_____ _____ _____ _____

2. Leia.

> jogarão sabão ratão balão pintarão melão pezão
> rojão cantarão fogão falarão feijão cachorrão
> caminhão lerão pimentão janelão escreverão
> narigão coelhão conversarão

- Copie as palavras acima nas colunas correspondentes.

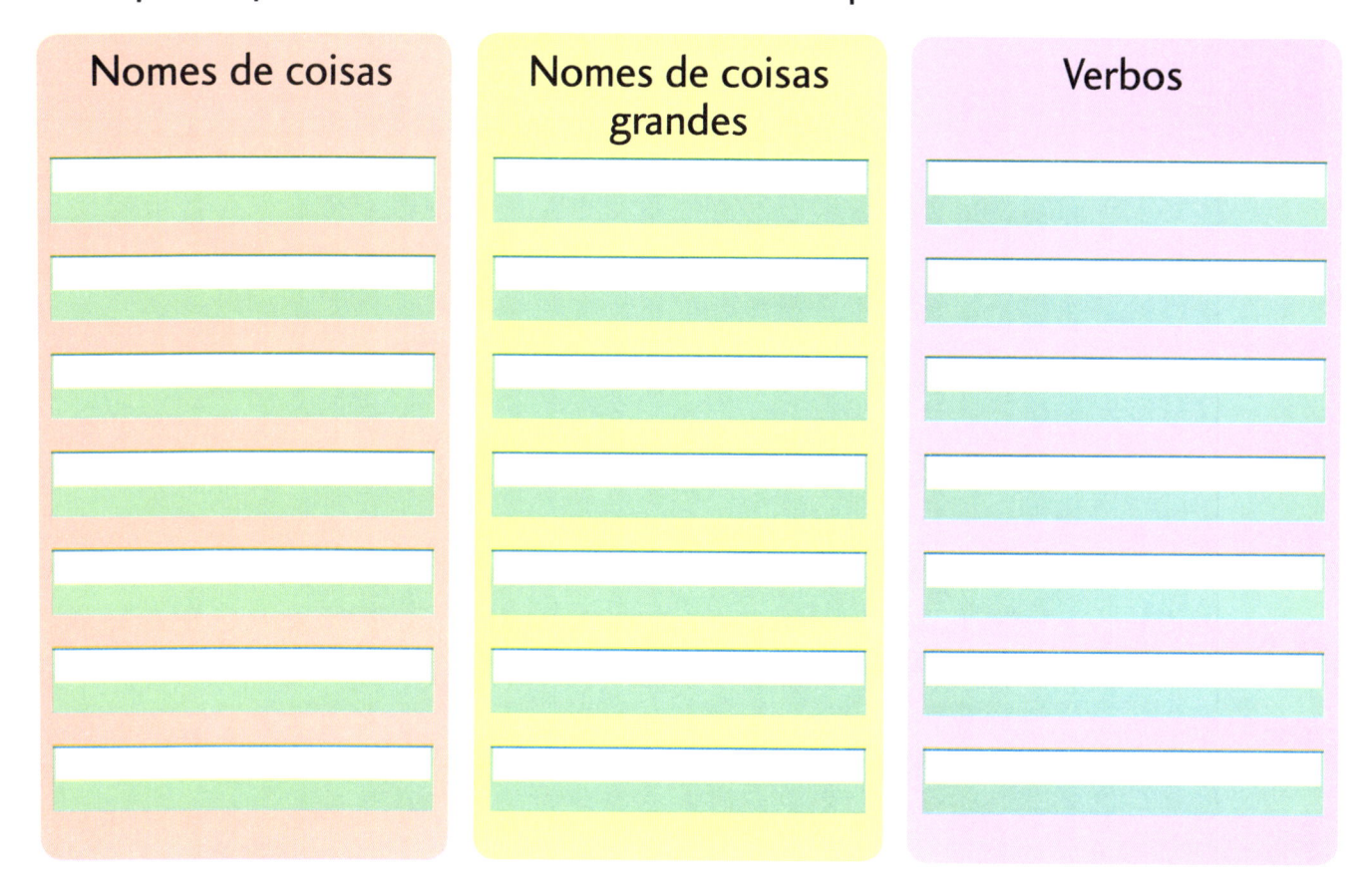

Nomes de coisas	Nomes de coisas grandes	Verbos

3. Copie os verbos e escreva se a sílaba tônica está na *última* ou *penúltima* sílaba. Observe o exemplo.

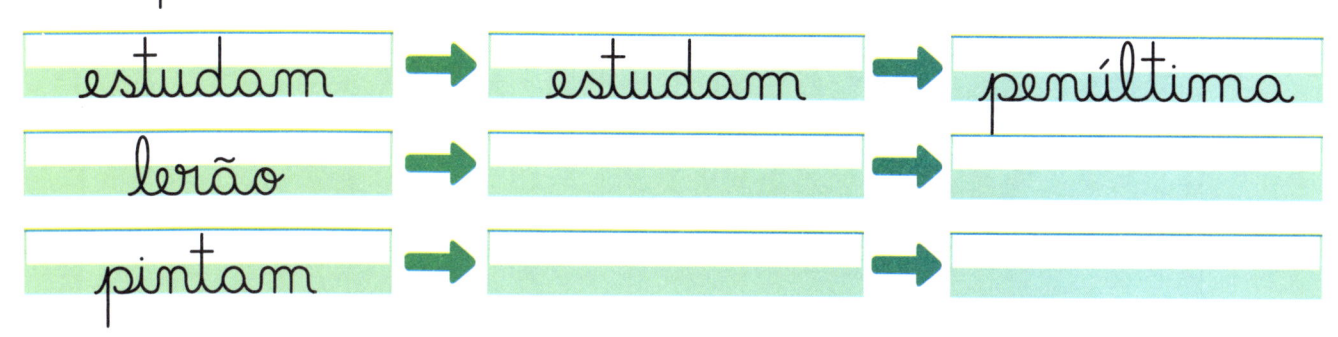

estudam	→	estudam	→	penúltima
lerão	→		→	
pintam	→		→	

4. Copie as frases substituindo as ★ por um dos verbos. Depois pinte os quadrinhos conforme a legenda.

🟦 tempo pretérito (passado)   🟥 tempo futuro

pesquisaram   pesquisarão

☐ Ontem, os alunos ★ no museu.

jogaram   jogarão

☐ Luís e Carlos só ★ no domingo.

saíram   sairão

☐ As meninas ainda não ★ daqui.

Bambalalar, é hora de praticar!

- Leia e copie.

Zoada de vento

Zumm! Zimmm!

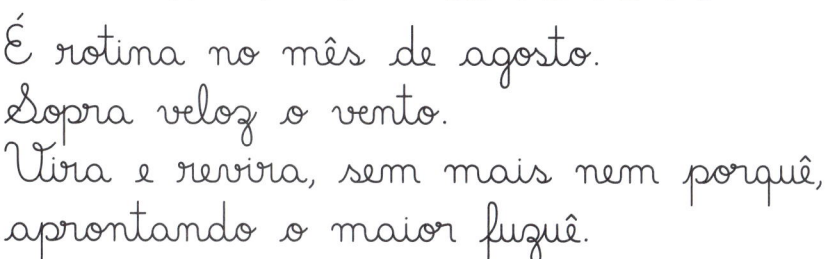

É rotina no mês de agosto.
Sopra veloz o vento.
Vira e revira, sem mais nem porquê,
aprontando o maior fuzuê.

Zumm! Zimmm!

Derruba as roupas do varal,
bate porta e janelas,
forma logo um pé de vento,
tirando o chapéu do Bento.

Zumm! Zimmm!

Zune ágil o vento.
Sacode os galhos pra lá e pra cá.
Nessa marcha ele segue caminho,
derrubando folha, arrancando ninho.

Zumm! Zimmm!

A garotada corre pra rua.
Soltam pipas de todas as cores.
Elas bailam em total movimento
a favor do vento.

(As autoras)